ORAISON FUNEBRE
DE TRES-HAUT, TRES-PUISSANT, ET TRES-EXCELLENT PRINCE
LOUIS XIV.
ROY DE FRANCE ET DE NAVARRE,

Prononcée dans l'Eglise Cathedrale d'Orleans, le 14. Novembre 1715.

En presence des Compagnies assemblées.

Par M. ALEAUME, *Docteur de Sorbonne, Chantre & Chanoine de ladite Eglise.*

A ORLEANS,
Chez FRANÇOIS ROUZEAU, Imprimeur du Roy, de S. A. R. Monseigneur le Duc d'Orleans, & de la Ville.

M. DCCXV.

AVEC PERMISSION.

ORAISON FUNEBRE DE LOUIS XIV. ROY DE FRANCE ET DE NAVARRE.

Primogenitum ponam illum, excelſum præ Regibus terræ; in æternum ſervabo illi miſericordiam meam.

Je l'établirai mon fils aîné, & le plus grand des Rois de la terre. Je ſignalerai mes miſericordes ſur lui juſques dans l'éternité. Ces paroles ſont tirées du Pſeaume quatre-vingt-huitiéme.

TELLES furent, MESSIEURS, les promeſſes de Dieu faites à David, ce Roy ſelon ſon cœur, ce Prince reſpectable dans la paix, vaillant dans la guerre, l'appui, la gloire, les délices d'Iſraël, le vainqueur des Philiſtins, zelateur de la divine Loy, pecheur par fragilité, juſte par les miſericordes & les épreuves du Seigneur, par les vifs ſentimens d'une foi pure, par les ſaintes humiliations de la pénitence.

Tantôt Dieu s'engage de prêter sa main secourable à ce Serviteur fidéle contre les vains efforts des enfans d'iniquité, de renverser, de mettre en fuite, de tailler en piéces ses ennemis à sa vûë; tantôt de rendre son trône éclatant comme le soleil, de multiplier les années de son regne comme les jours du ciel; tantôt de faire regner sa posterité après lui; de l'établir enfin son fils aîné, le plus grand d'entre les Rois, & de signaler ses misericordes sur lui jusques dans l'éternité. *Primogenitum ponam illum, excelsum præ Regibus terræ. In æternum servabo illi misericordiam meam.*

A ces traits, Messieurs, à cette gloire, à ces promesses, à ces épreuves même, mais épreuves de la misericorde d'un Dieu qui se reconcilie bien-tôt avec ses serviteurs, ne reconnoissez-vous pas TRES-HAUT, TRES-PUISSANT ET TRES-EXCELLENT PRINCE LOUIS XIV. ROY DE FRANCE ET DE NAVARRE. A ce seul nom quelle idée de valeur, de sagesse, de pieté, de fermeté, de constance, d'habileté, d'experience dans le grand art de regner, quel nombre de victoires & d'actions éclatantes, quels prodiges, quels effets signalez de la protection du Tout-Puissant ne se presentent point à l'esprit; & ne vous semble-t-il pas que ces paroles adressées au Heros d'Israël, ayent été dites pour le nôtre, *Primogenitum ponam illum, excelsum præ Regibus terræ.*

Mais helas! nous l'avons perdu ce Heros; il est fini ce regne si brillant; elle est éteinte cette vie si belle, si glorieuse. Tant de gloire, tant de grandeurs fondent, disparoissent, s'évanoüissent dans un instant; & la terre renferme ce grand cœur capable de la conquerir & de la gouverner toute entiere.

O néant, ô misere, ô vanité du siécle, ne rompronsnous jamais le charme fatal avec lequel vous ſavez nous enchanter? Quitterons-nous toûjours de veritables biens, pour courir après cette vuide figure, ce vain phantôme, cette ombre fugitive que vous nous preſentez? Que reſte-t-il en effet, Meſſieurs, à l'Auguſte Prince dont nous pleurons la mort, de tout ce que nous admirions en lui? Naiſſance, valeur, victoires, ſageſſe, gloire, autorité, tout eſt paſſé, tout a péri, tout eſt détruit.

Mais que dis-je ici, mes chers Auditeurs, ne reſte-t-il rien au Chrétien après la mort? périt-il tout entier? n'en demeure-t-il pas la plus noble & la plus excellente partie? Pourquoi le grand Apôtre nous avertiroit-il de ne pas pleurer les Fidéles qui dorment du ſommeil de paix, comme ſi nous étions ſans eſperance: & le ſaint Prophéte qui nous marque dans le Pſeaume que j'ai cité, le terrible débris des Princes au moment de leur mort, *ſedem ejus in terram colliſiſti, minoraſti dies temporis ejus*, ne nous dit-il pas qu'il eſt une miſericorde qui ſe ſignale juſques dans l'éternité. *In æternum ſervabo illi miſericordiam meam.*

Je me trompois donc, Meſſieurs, emporté par ma douleur, par ces marques de deüil, par cette triſteſſe peinte ſur les viſages de toute cette illuſtre Aſſemblée. Ranimons nôtre foi, élevons-nous au-deſſus de nos ſens. Diſtinguons dans le Grand Prince qui fait le ſujet de nos larmes, deux divers ordres de biens, les uns à la verité brillans à nos yeux & avec quel éclat, vous le ſavez, mais biens fragiles, paſſagers, periſſables comme le corps, & toûjours de courte durée, parce qu'ils ſont compris ſous la meſure du tems, dont la nature eſt de s'écouler avec rapidité; les autres comme l'ame même, ſtables, ſolides, permanens, éternels. Voyons en un mot ce que la mort lui a ravi, ce qu'une ſainte mort lui a donné, & aquit-

Breves dies hominis ſunt, numerus menſium ejus apud te eſt. Job. 14. v. 5.

tons-nous par un Eloge chrétien, de ce que nous devons à sa memoire.

A Dieu ne plaise que j'interrompe ici les saints Misteres par un discours profane, & que je vienne vous éblouïr du faux éclat des vanitez du siécle, à la vûë de ce tombeau, en presence d'un Dieu humilié, anéanti. Si donc, mes chers Auditeurs, je vous represente dans la premiere Partie de ce Discours les qualitez heroïques qui ont concouru dans nôtre Auguste Prince pour l'élever au plus haut point des grandeurs humaines, *Primogenitum ponam illum, excelsum præ Regibus terræ*, je déplorerai en même tems la misere & la fragilité de ces grandeurs. Si je vous fais voir dans la seconde ses vertus chrétiennes, sa pieté, sa pénitence, je benirai le Pere des misericordes de les lui avoir inspirées, & de nous avoir donné par elles une juste confiance de son salut. *In æternum servabo illi misericordiam meam.*

Si je ne répons pas à ce que vous attendez de moi ; si les expressions me manquent dans un sujet si grand, si vaste, si noble, si élevé ; pensez combien il est difficile de le remplir ; & témoins de ma foiblesse, soyez-le de mon zéle & de ma veneration pour la memoire de ce Grand Roy.

I. PARTIE. LES Rois sont les images vivantes de Dieu. Revêtus de son autorité sur la terre, ils portent le glaive de sa puissance, & nous montrent dans l'éclat qui les environne un essai de sa gloire. Toûjours quels qu'ils puissent être respectables à leurs sujets, on leur doit la fidélité, l'obéïssance. L'Eternel qui les a établis, suivant la doctrine du grand Apôtre, veut que nous reverions en eux sa majesté & son pouvoir, & que nous lui offrions nos prieres, nos ſupplications & nos actions de graces pour le bonheur & la tranquillité de leur régne. Mais il le faut avoüer, Meſſieurs, entre ces Rois, il en eſt en qui les traits de la divinité ſe trouvent mieux marquez, qui nous repreſentent d'une maniere plus excellente ſes divins attributs, ſa force, ſa ſageſſe, ſa magnificence, ſa juſtice ; & qui par leurs heroïques qualitez s'élevent autant au-deſſus des autres Princes, que ceux-ci au-deſſus de leurs ſujets.

Tel fut autrefois David, dont il eſt dit : Je l'établirai mon fils aîné, & le plus grand des Rois de la terre, *Primogenitum ponam illum, excelſum præ Regibus terræ.* Tel fut en nos jours le Grand Roy dont nous pleurons la mort. Et quel Princ réünit jamais avec plus d'éclat & de gloire, les dons de la nature & de la fortune, les graces de l'eſprit & du corps, les vertus militaires & les civiles ; la naiſſance, le courage, la ſageſſe ; un cœur droit, juſte, magnifique & bienfaiſant, la ſcience de régner, cette ſuperiorité de lumieres qu'acquiert une longue experience, & le rare & ſingulier talent de ſe faire craindre, reſpecter & aimer tout enſemble ?

Il naît dans la Pourpre fils aîné de Loüis le Juſte, & d'Anne d'Autriche ſon épouſe ; quel ſang plus pur, quelles plus nobles Maiſons dans l'Univers ? On ſe trouve éblouï de l'éclat de tant de grandeurs. Vous le ſçavez, Meſſieurs, la Maiſon de France établie depuis plus de huit cens ans ſur le premier Trône du monde, nous a donné non ſeulement une longue ſuite de Rois, mais encore a fourni de Princes à preſque tous les Etats de l'Europe. En remontant vers ſa ſource nous y trouvons des Rois d'Eſpagne, de Portugal, de Pologne, de Navarre, de Naples, de Hongrie, des Empereurs d'Orient

& d'Occident, juſqu'à ce qu'enfin elle vienne à ſe perdre dans l'obſcurité des ſiécles les plus reculez, ſemblable à ces grands Fleuves, dont la vaſte étenduë, & l'immenſe longueur ne permet pas d'en découvrir la ſource. A tant de gloire étoit encore ajoûtée celle qu'il tiroit du côté maternel de la Maiſon d'Autriche, élevée depuis quatre cens ans par tant d'Empereurs & de Rois à un ſi éminent degré de ſplendeur.

A peine vit-il la lumiere du jour, qu'il commença de régner & de vaincre tout enſemble; les palmes & les lauriers ombragerent ſon berceau, & dès les premiers jours de ſon Régne, un Prince qu'aux ſiécles idolâtres on auroit pris pour le Dieu Mars, défait ſans reſſource une Armée ennemie, & va porter ſes Armes victorieuſes juſques dans le fond de l'Allemagne & de la Flandre. Heureux préſage de tant de Victoires qui devoient relever l'éclat, & marquer preſque tous les jours d'un ſi beau régne. Que ſi la diſcorde qui s'éleva parmi nous interrompit le cours de nos proſperitez, elle fut bien-tôt étouffée par les ſoins d'une ſage & pieuſe Régente, & la Paix rétablie par les glorieux Traitez de Munſter & des Pyrenées.

M. le Prince.

Bataille de Rocroy.

Nôtre Prince croiſſoit cependant, & croiſſoient avec lui les graces & les vertus. Dèja ſe formoit cet air & cette bonne mine digne de l'Empire, comme s'exprimoit un Ancien, ce port & cette taille majeſtueuſe qui pouvoit faire dire de lui comme du premier Roy d'Iſraël: Certainement vous voyez quel eſt le Roy que Dieu vous a donné, & qu'il n'a point ſon ſemblable dans tout le peuple. Dèja ſe préparoient ces doux nœuds, qui devoient l'unir avec l'incomparable Marie-Thereſe, Princeſſe qui avec mille vertus devoit tranſmettre tant de Couronnes à ſon auguſte Poſterité; & c'eſt alors enfin qu'aprés

Certè videtis quem elegit Dominus quoniam non eſt ſimilis illi in omni populo. 1. Reg. 10. v. 24.

qu'après son mariage qui fut bien-tôt suivi de la mort d'un Cardinal, en qui se trouvérent réünies toute l'adresse & la politesse de sa Nation, il commença de gouverner lui-même, ayant desormais pour premier Ministre le génie joint au courage, au travail, au secret, à l'aplication, à l'exactitude.

Ses premieres Armes furent consacrées à la pieté & à la justice, & dignes d'un Roy qui porte pour titre celui de Tres-Chrétien & Fils aîné de l'Eglise, *Primogenitum ponam illum.* Cent mille Turcs menacent la Capitale de l'Empire; il n'est plus de Riviere ni de Forteresse qui les arrêtent; il accorde le secours qu'on lui demande, & six mille François d'une valeur heroïque dissipent près du Raab cette épouventable armée, par la noble ardeur d'obéïr & de plaire à leur Roy. On refuse à la Reine son épouse des droits que les Loix & les Coûtumes lui donnent: après avoir combattu par les raisons, il se sert de celles que les Princes ont en leurs mains; il marche à la tête de son Armée, ayant avec lui ce Heros comparable aux Scipions & aux Fabius que Rome a tant vantez, & qui avec des Troupes beaucoup inferieures en nombre, sçût tant de fois triompher de nos Ennemis à force ouverte, après les avoir consumez par les sages ménagemens d'une longue & noble patience. C'est par les conseils & les leçons de ce grand Homme qu'il voulut aprendre le métier de la Guerre, & quel guide plus fidéle pouvoit-il choisir dans la route de la gloire? Aussi vit-il en peu de jours tomber les plus fortes Places de la Flandre, & pouvoit la conquerir toute entiere. Mais le Conquerant est au-dessus de ses Conquêtes, & après avoir effrayé ses Ennemis par sa valeur, il les surprend par sa moderation, en se restraignant beaucoup au-dessous de ses justes droits,

M. de Turenne.

La Franche-Comté.

* Traité d'Aix-la-Chapelle.

& leur rendant une belle & riche Province en faveur de la Paix. *

Ainsi s'élevoit cette valeur qui devoit produire des effets presque incroyables à la posterité. Quel siécle nous en fournit de plus prodigieux, & quelle Campagne des Cesars renferme plus de merveilles que celles qu'éprouva une République ingrate, toûjours, mais vainement opósée aux interêts & à la gloire de LOUIS? Ici, je vous l'avoüe, Messieurs, je succombe sous le poids de mon sujet. Quelle ample moisson de lauriers, que d'entreprises heroïques, combien de Siéges, Prises de Places, Passages de Rivieres, Combats, Victoires s'offrent ici à mon esprit? Non, Messieurs, il n'est point de Villes dont les Remparts soient assez forts, point de Fleuves assez profonds, point d'Armées assez nombreuses pour s'oposer à la valeur & à la sage conduite de LOUIS; il force en peu de jours des Places qu'on auroit crû devoir resister des années. Il passe à la nage un grand Fleuve en presence d'une Armée ennemie; & malgré des obstacles qui auroient arrêté les plus intrépides Heros, il la réduit à une honteuse fuite. Le nombre des jours égale à peine celui de ses Conquêtes. La Victoire asservie par la sagesse du Vainqueur, semble avoir pour lui seul fixé son inconstance, & la Victoire s'être obligée de suivre par tout ses pas, pendant que nos Ennemis, effrayez de tant de prodiges, n'ont parmi eux que la triste crainte, la consternation, la terreur.

Campagne d'Hollande.

Passage du Rhin.

En vain cent Nations jalouses, allarmées de tant de Victoires, conspirent & s'unissent ensemble pour en arrêter le cours. Que font leurs inutiles efforts, si ce n'est de fournir matiere au courage de ce Grand Prince? Fut-il épouvanté de ce nombre prodigieux d'Ennemis? A mesure que l'Hydre croît, la force & la valeur de nôtre Hercule se multiplient. Tantôt par ses justes mesures il déconcerte les projets qu'ils avoient fait d'envahir nos Provinces; tantôt comme un torrent que l'hyver même rend encore plus rapide & plus fier, dans la saison la plus rigoureuse il assiége, il enleve leurs Places les plus fortes. Mais que fais-je ici, mes chers Auditeurs, & où m'emporte mon zéle & mon amour pour la memoire de mon Prince? Le ministere de reconciliation que les Prêtres de Jesus-Christ ont reçû, leur permet-il la description des Siéges & des Combats; & puis-je ici vous retracer l'image d'une sanglante guerre en presence du Dieu de Paix?

Mais quoi, n'est-il point de valeur chrétienne, Messieurs, qu'on puisse loüer dans l'Assemblée des Saints? Est-ce en vain que les Princes portent l'épée? Le Tout-Puissant qui dans ses Ecritures prend le titre de Dieu des Armées, n'autorise-t-il pas les Armes que sa Justice met à la main, & que conduisent la moderation & la sagesse, & ne promet-il pas à David ce Prince belliqueux une maison stable & fidelle, parce qu'il avoit entrepris & mis à fin les guerres du Seigneur. 1. *Reg.* 25. *v.* 28.

Or quelle cause plus juste que celle que soûtint le Grand Roy que nous pleurons, lorsqu'après un Traité de Paix, & une Tréve solennellement jurée, on trame une Ligue secrette, on débauche ses Alliez, on allarme ses voisins, & qu'on en vient jusqu'à cet excés que de corrompre la fidélité des sujets, & de les porter à la plus injuste & la plus noire de toutes les révoltes. Vous vous souvenez sans doute avec indignation, Messieurs, de cet attentat condamnable, par lequel un Prince avide de gloire, redoutable par son courage, mais encore plus

Paix de Nimegue.

Traité de 1684.

Ligue d'Ausbourg.

Guillaume Prince d'Orange.

par ſon ambition, general & politique tout enſemble, parlant peu, agiſſant beaucoup, & penſant encore davantage, laborieux dans la Paix, infatigable dans la Guerre, capable par ces qualités de tout entreprendre & de tout cacher, foulant aux pieds les Loix divines & humaines, s'éleva contre un Roy ſon beau-pere & ſon oncle. L'Hiſtoire nous raporte aſſez de ces crimes funeſtes à leurs auteurs; mais par un ſecret jugement de Dieu que nous devons adorer, il fut donné à celui-ci, ſelon l'expreſſion de l'Ecriture, de faire la guerre aux Saints,

Apoc. 13. v. 7. & de les vaincre, de ſéduire les peuples, & de prévaloir contre les Rois. A peine paroît-il, que tout ſe déclare en ſa faveur, & que les ſujets, par une défection honteuſe, abandonnent non ſeulement leur Prince, mais tournent leurs armes contre lui, & le réduiſent à une triſte fuite. L'Ocean moins inconſtant & moins perfide reconnut ſon Roy, ſes ondes ſe pliérent ſous le vaiſſeau qui le portoit, & il aborde en France, azile ordinaire des Princes affligez.

C'eſt pour ſoûtenir une cauſe ſi juſte, que LOUIS non ſeulement le plus grand, *ponam illum Primogenitum, excelſum præ Regibus terræ*, mais devenu le protecteur des Rois, & le vengeur des droits ſacrez des Têtes couronnées, fut obligé d'armer une autre fois, c'eſt-à-dire, de triompher, Meſſieurs. Tel qu'on voit le Soleil élevé ſur l'horiſon diſſiper par ſa preſence ces nuages noirs & épais qui allarmoient la terre, & ramener le calme & la ſerenité : ainſi LOUIS à la tête de ſes Armées diſſipe cette tempête affreuſe, formée du concours de tant de Nations, qui après avoir oprimé nôtre Allié, ſembloit devoir nous accabler nous-mêmes, & rend enfin la Paix à l'Europe affligée.

N'attendez pas, Messieurs, que j'entre dans le détail de tant d'actions heroïques qui se passerent pendant le cours de cette Guerre. Que pourrois-je vous dire dont la memoire ne soit encore récente dans vôtre esprit, & seroit-il possible d'oublier les Exploits éternellement memorables de deux Heros, dont l'un sorti d'une Maison aussi ancienne que le Royaume, avoit poussé jusqu'au plus haut periode l'intrepidité qui lui étoit naturelle, par une heureuse & constante habitude de vaincre, qui sembloit tenir du prodige, & que la valeur retira toûjours des perils où son grand cœur l'avoit jetté; & l'autre formé sous la discipline du Grand Turenne, toûjours mesuré, toûjours sage, ne laissa rien à la fortune, de ce que la prudence, le conseil & la prévoyance pouvoient lui ôter.

M. le Maréchal de Luxembourg.

M. le Maréchal de Catinat.

Il est tems d'ailleurs de vous entretenir d'autres vertus de nôtre Prince, plus douces, plus paisibles & plus convenables à la sainteté de ce lieu. Oüi, Messieurs, s'il sçût nous deffendre par sa valeur, il sçût nous juger avec justice, c'est le devoir le plus essentiel de la Royauté. De là vient que l'Ecriture, après nous avoir raporté les combats & les victoires de David sur cent peuples divers, ajoûte aussi-tôt, comme pour consommer son éloge, & nous marquer la perfection de son régne, qu'il rendoit justice à tout le peuple : *Regnavit David super omnem Israël, & faciebat judicium & justitiam omni populo.* De là vient encore qu'elle nous marque ailleurs, que si toute ame doit être soûmise aux Puissances, toute Puissance aussi doit veiller sur les ames qui lui sont soûmises; que les Princes sont obligez de juger la cause de la veuve & du pupille, de soûtenir l'innocent & le foible contre l'opression de l'injuste & du puissant; de maintenir les Loix, d'en éta-

2. *Reg.* 8. *v.* 15.

blir de nouvelles, lorſque le beſoin de leur Etat le demande; qu'ils ſont enfin les Miniſtres de Dieu pour nous favoriſer dans le bien, & pour executer ſa vengeance en puniſſant celui qui fait le mal.

Dei enim minister est in bonum, vindex in iram ei qui malè agit. Rom. 13. v. 4.

C'eſt ſur ces principes, Meſſieurs, & par cet eſprit d'équité que les premiers ſoins de ce Grand Roy furent de raſſembler dans un Code les Ordonnances de ſes Prédeceſſeurs, de ſeparer les formalités neceſſaires d'avec ces procedures obliques, & ces malignes ſubtilités que l'avarice a introduites, de regler les unes, de ſuprimer les autres, & d'abreger ces mauvais jours que le procés donne à des miſerables, qui ne ſont pas moins ruinez par la longueur, que par l'iniquité ou par l'erreur des jugemens.

Ordonnance de 1667.

La fureur des duels inveterée depuis tant de ſiécles paroiſſoit un mal incurable; une fauſſe idée d'honneur obligeoit tous les jours les parens, les amis, les inconnus de s'armer les uns contre les autres, & de perdre l'ame avec la vie dans ces indignes combats. En vain nos Rois avoient tenté d'y aporter le remede par les peines les plus extrêmes: la conſideration des criminels qui ſe trouvoient preſque toûjours apartenir aux premieres Maiſons du Royaume, les obligeoit à ſe relâcher de leurs Loix, par une fauſſe &, ſi je l'oſe dire, par une cruelle clemence. LOUIS s'engage par ſerment de n'accorder jamais aucune grace pour ces ſortes de crimes; & quelque inſtance qui lui fut faite par la Puiſſance du monde qu'il reveroit le plus, il tint avec fermeté ce qu'il avoit promis, digne en ceci de nos plus grands éloges, & abolit ainſi cet uſage pernicieux, inſtruiſant ſa Nobleſſe à répandre deſormais avec plus de gloire un ſi beau ſang pour la deffenſe de la Patrie.

Edit contre les Duels. 1646.

Le Pape Clement IX. fit demander au Roi la grace de Mrs de la Frette.

Mais quelle équité, quelle aplication ne fit-il pas paroître dans cet Auguste Tribunal, qui juge les Justices, & qui régle le sort des Jurisdictions douteuses. C'est là qu'étant assis sur le Trône de son Jugement, suivant l'expression de l'Ecriture, il dissipoit le mal d'un seul de ses regards; que par son attention à découvrir la verité au travers des voiles du mensonge & de l'imposture, dont les cupidités humaines la couvrent, il défendoit la foible innocence, & mettoit à mort dès le matin tous les pecheurs de la terre, afin de bannir de la Ville du Seigneur tous ceux qui commettent l'iniquité.

Rex qui sedet in solio judicii sui, dissipat omne malum intuitu suo. Prov. 20. v. 8.

Psal. 110.

Que si la distribution des Dignités Ecclesiastiques, Militaires & Civiles fait partie de la Justice des Princes : vit-on jamais les Prélatures remplies de plus dignes sujets? Tant de lumieres brillantes placées de sa main sur le Chandelier, & qui ont éclairé la Maison du Seigneur; tant de grands Magistrats placez dans les premieres Charges de Judicature; tant de Heros à la tête des Armées, ne sont-ils pas des preuves éclatantes de son discernement & de la justesse de son choix? Avec quelle magnificence reconnut-il les services de sa Noblesse, accablant, pour ainsi dire, de ses graces ceux à qui il avoit commencé de faire du bien, ajoûtant un nouveau prix à ce bien même par la maniere de donner, constant dans son estime, retirant peu sa confiance; recompensant jusqu'aux bonnes intentions, lors même qu'elles n'avoient pas été suivies d'heureux évenemens, qualité rare parmi les hommes accoûtumez à juger de la vertu par le succés; mais le Heros que nous pleurons, au-dessus des sentimens vulgaires, sçût la démêler au travers des disgraces de la fortune, & nous donner des marques encore plus signalées d'un cœur compatissant, par cet Etablissement vraiment Royal qu'il fit en faveur de ces pauvres Officiers

Etablissement des Invalides.

& Soldats, victimes infortunées de la gloire, & dont le seul aspect presente une image trop vive des horreurs & des tristes fruits de la guerre.

Tel fut en effet son bon cœur ; telle fut sa sagesse. Réservé dans ses discours*, on eut dit qu'il avoit sur les lévres cette garde & cette porte de discretion que demandoit David. Jamais il ne sortit de sa bouche que des expressions dignes d'un Prince ; jamais aucun trait de raillerie ; il savoit que ces traits font dans le cœur une playe d'autant plus profonde, qu'ils partent de plus haut ; jamais aucune parole offençante contre le moindre de ses sujets ; plus pénétrant qu'un autre pour en découvrir les défauts, plus humain que personne pour les dissimuler ; il sembloit n'ouvrir les yeux que sur la vertu, le merite, favorisant les Sciences, aimant & protegeant les beaux Arts, & les ayant portez dans ses Maisons Royales à un point de magnificence & de gloire que Rome auroit admirez du tems d'Auguste ; enfin Roy dans toutes ses actions, & grand jusques dans les choses les plus petites.

Pone Domine custodiam ori meo, & ostium circumstantiæ labiis meis. Ps. 140. v. 3.

C'est par cette sagesse, par cette égalité d'ame, cette uniformité de conduite, par la science de régner, vertus qui firent son caractere principal ; par les égards qu'il eut pour les Princes de son Sang, par sa tendre amitié pour son Auguste Famille, qu'il maintint toûjours pendant un si long régne le dedans de son Royaume en paix, & que par cette heureuse union il en multiplia les forces presque à l'infini. Depuis qu'il commença de gouverner s'éleva-t-il quelque trouble dans ses Etats ? écouta-t-il les délateurs, genre d'hommes nez pour la ruine, & dignes de l'execration publique ? vit-on répandre le sang, & craignit-on les accusations du crime de Leze-Majesté, accusation si dangereuse & si fréquente sous les

les Princes foibles & ſoupçonneux. Non, Meſſieurs, comme une vertu heroïque toûjours reſpectée eſt au-deſſus de ces dangers, auſſi eſt-elle au-deſſus de ces ſoupçons; & comme elle ne craint pas, elle ne s'imagine pas d'être attaquée. C'eſt par tant de vertus enfin qu'il s'acquit non ſeulement la veneration la plus extrême, mais le cœur & l'amour de ſes Sujets. Que dis-je, de ſes Sujets? celui des Etrangers même, Meſſieurs; & à qui devons-nous qu'à ces ſentimens de veneration & d'eſtime, le merveilleux évenement qui aplanit les Pyrenées, & qui a mis la Maiſon de France dans ce haut point de gloire où elle ſe vit du tems de Charlemagne? Cette fiere jalouſie d'une Nation ſage & belliqueuſe, vaincuë par tant de grandes qualités, ſe tourne en admiration; elle ne nous veut plus diſputer que de reſpecter, que d'aimer davantage, s'il eſt poſſible, ce Grand Roy; & perſuadée que les Heros naiſſent des Heros, *fortes creantur fortibus & bonis*, elle ne croit pas pouvoir mieux faire pour la ſplendeur de ſon Auguſte Monarchie, que de prendre un Roy formé du Sang, & heritier de la ſageſſe & de la pieté de LOUIS.

Tel fut-il, Meſſieurs, le premier né par la dignité de ſon Trône, & le plus grand d'entre les Rois par ſes vertus heroïques, *Primogenitum ponam illum, excelſum præ Regibus terræ.* Mais gloire periſſable, paſſagere, dont il ne reſte qu'un triſte ſouvenir, & qui cauſeroit inutilement nos regrets, ſi nous ne trouvions dans ſes vertus chrétiennes, un ſujet ſolide de conſolation, ſi nous n'avions dans ſa pénitence, & dans les épreuves de la main Divine un gage de la miſericorde éternelle ſur lui. *In æternum ſervabo illi miſericordiam meam.*

II. PARTIE. SI le Grand Roy dont nous pleurons la mort n'eut eû que les vertus heroïques & civiles ; si, plein de sa grandeur & de lui-même, il fut descendu dans cette terre de ténébres, suivant l'expression de l'Ecriture, pour y dormir avec les Rois & les Princes du monde, je le placerois parmi les Alexandres & les Cesars ; mais en vain loüerions-nous des vertus steriles que Dieu n'auroit point couronnées, & c'est inutilement que nous répandrions des fleurs qui secheroient sur son tombeau. Graces à la Misericorde divine, & quel sujet de consolation pour nous, nous parlons d'un Heros plus grand encore par les vertus chrétiennes, que par tant de brillantes qualités qui l'avoient rendu l'objet de l'admiration des hommes ; d'un Prince que la maturité de l'âge, la sagesse, & encore plus une solide & sincere pieté avoient élevé depuis long-tems au-dessus des vains amusemens & des dangereuses passions du siécle.

Oüi, Messieurs, parmi tant d'élevation & de gloire, au travers des plaisirs & des délices de la Cour, il conserva l'esprit de pieté, & un fond intime de Religion, il en aima les exercices, il en pratiqua les devoirs ; mais que puis-je vous dire ici que vous ne sachiez déja, & que la renommée n'ait publié par tout de ce Grand Prince ? Tantôt humble comme la moindre brebis du Troupeau, on le vit se réünir avec les autres Fidéles, chanter les Cantiques de Sion dans l'Assemblée d'Israël, écouter avec une sainte avidité les paroles du salut, & aprocher de nos sacrez Misteres à toutes les Fêtes solennelles ; tantôt suivant l'usage de ses Augustes Prédecesseurs, laver de ses mains Royales les pieds des pauvres ; & tantôt enfin suivre à pied Jesus-Christ au jour de son Triomphe, malgré la chaleur brûlante, & répondre à ceux qui vouloient la lui faire craindre, à l'exemple d'un Roy d'Espagne son Bisayeul, Que le soleil de ce jour-là ne faisoit point de mal. Philippe II.

Quelles furent dans ces saints exercices son attention, sa modestie, sa pieté? Combien de fois l'a-t-on vû, frapé de ces murmures importuns qui interrompent les prieres des Fidéles, & troublent dans la Maison de Dieu le venerable silence des saints Misteres, se lever avec indignation, ordonner à cette foule de Courtisans, qui, pendant qu'il adoroit Dieu, sembloient l'adorer lui-même, de fléchir les genoux & de se taire devant la Majesté presente du Roy des Roys? Avec quelle effusion de cœur lui exposoit-il, comme David, ses necessités spirituelles & celles de son Royaume, dans ces prieres pures & tendres qui partoient du fond de son cœur, imprimant par son exemple le respect & la crainte aux ames les moins touchées de la sainteté du culte & de la reverence du lieu?

D'où puisoit-il ces sentimens, Messieurs? De la pureté, de la vivacité de sa foi. Elle fut simple, mais vive, mais fortement imprimée dans son cœur. Heritier non seulement du sceptre, mais de la pieté de Charlemagne & de S. Loüis, on eût dit qu'il voyoit à découvert nos saints Misteres, tant il étoit persuadé de leur verité. De là sa haine contre l'impieté & le blasphême: l'insensé ferma devant lui ses lévres impies, & retenant sous un silence forcé ses vaines & sacriléges pensées, se contenta de dire dans son cœur: Il n'y a point de Dieu. De là encore sa haine pour l'hérésie; Fils aîné de l'Eglise, il ne veut point d'autres sujets que ses enfans. Il croit que si Dieu l'a élevé à ce point immense d'autorité qui n'avoit point d'exemple dans ses Prédecesseurs, il doit faire servir cette même autorité à sa gloire; que si par la protection du Tout-Puissant il avoit réüni tant de Provinces distraites

Dixit insipiens in corde suo: Non est Deus. Ps. 13. v. 1.

autrefois de sa Couronne, il étoit obligé de reparer les ruines de l'heritage divin qui est l'Eglise; qu'enfin si le Grand Henry son Ayeul avoit calmé, si Loüis le Juste son Pere avoit desarmé, Dieu demandoit de lui qu'il achevât d'éteindre une societé criminelle, née dans le concours de tant d'interêts & d'intrigues, accrüe par tant de factions & de cabales, nourrie dans le sang, le meurtre, les seditions & les révoltes, & toûjours attentive à s'élever sur les débris de la Religion & de l'Etat.

Mais avec quelle sage conduite execute-t-il ce noble & glorieux dessein? Il savoit qu'on doit persuader la Religion, mais il savoit aussi que la lâcheté & l'indolence de la plûpart des hommes sur ce qui la regarde, demande d'être excitée; que la sagesse, toute aimable qu'elle est, est obligée d'élever sa voix, & de crier pour se faire entendre; que la verité avec tant de brillant & de charmes est souvent contrainte de menacer. C'est dans cette vûë, qu'à l'exemple des Empereurs Chrétiens des plus beaux siécles de l'Eglise, il se servit des moyens où par un juste temperament concoururent également la severité & la douceur; attirant les uns par ses bienfaits, excitant les autres par des marques de sa bienveillance; joignant les instructions des Prédicateurs Evangeliques, à la force de ses Edits; invitant d'un côté, suivant l'expression de l'Evangile, ceux que le malheur de leur naissance avoit engagé dans ces voyes détournées; mais rompant d'un autre ces haies fatales qui separoient nos freres d'avec nous, & qui divisoient l'heritage du souverain Pere de famille, & coupant tout à la fois les liens de l'habitude & de l'erreur par le glaive de la parole de Dieu & par celui de la puissance Royale.

Aug. Ep. ad Vincent.

Combien benissent la douce & heureuse violence qui les a réveillez de cet assoupissement mortel où ils étoient plongez? Combien reverent la main ſecourable qui les a arrachez d'entre les bras de l'héréſie, pour les porter dans le ſein de l'Unité Catholique? Avec quelle joie ont-ils vû tomber par les ſaintes inſtructions qu'ils y ont reçûës, ce voile importun poſé ſur leur cœur lorſqu'ils liſoient les Ecritures, & reconnu dans la ſimple, mais ſavante, mais lumineuſe Expoſition de ſa foi, la beauté, la pureté de l'Epouſe fidelle de Jeſus-Chriſt, malgré les traits calomnieux de ſuperſtition & d'idolatrie dont les Miniſtres Proteſtans ſe ſont efforcez de la noircir; & combien d'ames ou dans la voie ou dans le terme du ſalut offrent leurs prieres & leurs vœux pour celui de ce Grand Prince?

Ouvrage de M. Boſſuet Evêque de Meaux.

Mais ſon zéle pour la Religion fut-il borné dans ſon Royaume? ne ſe porta-t-il pas dans toutes les parties de l'Europe, & juſques dans les regions les plus éloignées? Oüi, Meſſieurs, tantôt en ſacrifiant à la moderation & à la paix les Villes conquiſes par ſa valeur, il ſtipule par un article exprès la conſervation de la Religion Catholique. Tantôt il ordonne à ſes Miniſtres dans les Cours Proteſtantes ou Infidelles, de ranimer, de ſoûtenir les diſperſions d'Iſraël, & fournit les fonds neceſſaires pour les Ouvriers Evangeliques qui travaillent dans ces Miſſions. Tantôt enfin lorſque des Roys inſtruits par la renommée de ſa ſageſſe & de ſa gloire, lui envoyent des Ambaſſadeurs des extremités de l'Orient, comme pour rendre hommage à ſa puiſſance & ſa vertu, il ſe ſert de cette occaſion pour faire porter les lumieres de l'Evangile à ces Nations aſſiſes dans les ténébres & dans l'ombre de la mort; plus attentif à lier avec ces Princes un commerce ſpirituel, dont la fin fût la converſion des ames, que ce commerce avare qui ne ſe propoſe que les vaines richeſſes du ſiécle; armant des Vaiſſeaux, équipant des Flottes

Ambaſſades de Siam & de Perſe.

pour un si noble dessein, & n'épargnant rien pour préparer les voyes à ces hommes Apostoliques, ces cœurs de bronze, qui au travers de tant de mers & de dangers vont acheter la pierre prétieuse, & conquerir de nouveaux royaumes à Jesus-Christ.

Telle étoit en effet, Messieurs, la liberalité de ce Grand Roy, & sa magnificence Royale n'éclata jamais davantage, que lorsqu'il fallut répandre ses aumônes, favoriser, soûtenir, ou former des Etablissemens de pieté. Combien de nobles Familles ruinées, relevées par ses bienfaits? Combien d'Hôpitaux, de Monasteres bâtis par ses largesses, enrichis par ses dons? Combien de saints Temples élevez à la gloire du Roy des Rois, retentissent de ses loüanges, & vont porter jusqu'au Trône du Dieu vivant la fumée des parfums, & la douce odeur de la pieté de ce Grand Prince? Je n'entreprendrai pas, Mrs. un détail qui meriteroit un discours tout entier. La vaste étenduë de mon sujet m'oblige de retrancher une infinité d'actions, dont une seule feroit l'éloge des plus Grands Rois. Mais pouvons-nous, sans ingratitude, oublier ce que nous lui devons nous-mêmes? Le saint lieu dans lequel nous sommes assemblez n'est-il pas pour la plus grande partie l'ouvrage de sa pieté? Si ce saint Temple s'éleve avec tant de magnificence & de grandeur vers le Ciel; si tant de divers ornemens concourent à en former un des plus beaux & plus nobles Edifices du monde, n'est-ce pas l'effet de son zéle, de son amour pour la beauté de la Maison de Dieu? & par le rétablissement des fonds destinez pour son entiere perfection, par ces fondemens déja jettez, n'a-t-il pas voulu engager & comme lier la liberalité des Rois ses Successeurs?

C'est par tant d'actions de pieté que Dieu préparoit son cœur, & le disposoit aux plus vifs sentimens de pénitence. Oüi, de pénitence, Messieurs. Prétendrions-nous par une lâche & basse flaterie en dispenser les Princes, consacrer toutes leurs actions, & sanctifier jusqu'à leurs défauts? Si contre la sainteté de mon ministere j'étois capable d'une prévarication si honteuse, ce Grand Prince qui par la Misericorde divine repose maintenant dans le sein de la verité, s'éleveroit lui-même contre moi, il sortiroit de son tombeau, & me diroit, s'il lui étoit permis: Ne m'attribuë pas mes vertus, ne dissimule pas mes foiblesses. Loüe la Misericorde infinie qui m'a inspiré les unes, & qui m'a pardonné les autres.

Je benis donc le Pere de Misericorde, & le Dieu de toute consolation, d'avoir inspiré à ce Grand Roy des sentimens de pénitence & de préparation à la mort, il y a plusieurs années, dans un tems où il avoit toute la force & la presence d'esprit necessaire pour un ouvrage aussi important que celui du salut, & où il a pû nous montrer les effets des saintes resolutions que la Grace lui avoit inspirées. Que ne puis-je ici, Messieurs, vous le representer dignement repassant ses années dans l'amertume de son ame, conjurant la divine Bonté, à l'exemple du saint Roy d'Israël auquel nous l'avons comparé, d'oublier les pechés de sa jeunesse, & ces fautes d'ignorance & de surprise, ausquelles les plus grands Princes sont sujets, par la misere & la fragilité de la condition humaine. Combien de fois suivant le commandement de l'Ecriture, qui nous ordonne de trembler pour les pechez même que nous croyons nous avoir été pardonnez, les confessa-t-il de nouveau, & lava-t-il ses vêtemens dans le sang de l'Agneau, par la reception de nos Augustes Sacremens? Combien de fois se promenant seul dans les jardins de cette Maison délicieuse, où il se retiroit de tems en tems pour se dérober aux soins & à l'éclat du

Delicta juventutis meæ & ignorantias meas ne memineris. Ps. 24.

Marly.

Trône, s'avertit-il lui-même de la fatale necessité de mourir, & brisa-t-il peu à peu ces liens si doux & si brillans qui l'attachoient à la terre?

Mais, pour purifier entierement ce grand cœur, pour le rendre digne d'être couronné dans le Ciel, après avoir régné avec tant de gloire & d'éclat sur la terre, il falloit qu'il fût épuré par le feu des tribulations & des adversités de cette vie; c'est la voye la plus sure & la plus ordinaire par laquelle Dieu sanctifie ses élûs. Dans une prosperité continuelle, parmi tant d'encens que la flaterie prodigue aux Princes, qu'il est difficile que le cœur ne s'éleve en secret, qu'on ne se fasse un bras de chair, qu'on ne nombre son peuple, & qu'on ne se dise en secret dans l'abondance de sa force, suivant l'expression de l'Ecriture : Je ne serai jamais ébranlé. Tel fut le peché de David que Dieu voulut purger lui-même par ses misericordes, *Dominus purgavit peccata David.* Que si le Prophéte vient au Roy d'Israël, & s'il lui dit de l'ordre de Dieu : Choisissez, où vôtre Royaume sera desolé par la sterilité pendant sept ans, ou vous fuirez pendant trois mois devant vos ennemis, ou la maladie ravagera vos Etats pendant trois jours : ne vous semble-t-il pas, Mrs. que pour purifier davantage le Grand Roy que nous pleurons, il l'ait voulu affliger par ces trois fleaux tout ensemble?

Ego dixi in abundantia mea : Non movebor in æternum. Psal. 29. v. 7.

2. *Reg.* 24. 12. & 13.

N'attribuons donc, Messieurs, ni à la valeur des troupes ennemies, ni à l'habileté de leurs Chefs, ces tristes évenemens qui nous ont fait gemir. Quelle Nation en effet plus brave, plus intrepide, que la Françoise? & nos Generaux n'avoient-ils pas donné en mille occasions differentes des preuves éclatantes de leur valeur, de leur sagesse? Remontons plus haut, cherchons dans la divine Providence la source d'une revolution si terrible. Non, Mrs. à parler juste,

juſte, la victoire n'eſt l'effet ni de la multitude, ni du courage, ni de l'habileté; c'eſt un preſent du Ciel, c'eſt Dieu qui la donne quand & à qui il lui plaît, & qui éleve ou qui abaiſſe les Empires, ſuivant l'arrangement de ſes deſſeins éternels. C'eſt Dieu encore un coup qui par tant de traverſes veut éprouver la conſtance de LOUIS, & purifier ſon cœur. *Dominus purgavit peccata David.* C'eſt lui qui veut humilier cette grande ame naturellement portée à l'élevation & à la gloire, & qui par une experience ſenſible & perſonnelle la veut convaincre du néant de tout ce que le monde apelle grandeurs. *Dominus exercituum cogitavit verbum hoc ut detraheret omnem faſtum gloriæ.*

Victoria belli non in multitudine exercitûs, ſed de cœlo eſt fortitudo. 1. Mach. 3. v. 19

Iſ. 23. *v.* 9.

C'eſt dans ce point de vûë que nous devons regarder la déroute de nos Armées, la ſterilité, les maladies qui ont deſolé ce Royaume, & peut-être, vous le ſavez, ô mon Dieu! la mort de ces grands Princes ſi dignes de régner, & dont les juſtes vûës, les ſages & nobles projets de l'un d'eux ont ſervi de plan au doux & équitable Gouvernement que nous voyons. Oüi, Meſſieurs, le renverſement des Couronnes, l'ébranlement des Etats, rien ne coûte au Tout-Puiſſant pour la ſanctification de ſes élûs. Il met les ames à ce haut prix, rien ne lui eſt cher pour ces enfans de ſa dilection éternelle; il ſacrifie tout pour les ſauver, & en ſerons-nous ſurpris, puiſque dans cette vûë il n'a pas épargné, dit l'Apôtre, ſon propre Fils, & qu'il l'a livré à la mort pour nous tous.

M. le Duc de Bourgogne.

Rom. 8. *v.* 32.

Quelle fut, Meſſieurs, dans cette affligeante ſituation la pieté & la conſtance de LOUIS? tout ne marqua-t-il pas dans ſa conduite une ſoûmiſſion parfaite aux ordres de la Providence divine? Combien de fois, proſterné au pied des Autels, adora-t-il la main qui le frapoit?

Combien de fois s'écria-t-il, à l'exemple du saint Roy
1. Reg. 24. d'Israël : C'est moi, Seigneur, qui ai peché, c'est moi qui suis le coupable : que vôtre main, je vous conjure, se tourne contre moi, & contre la maison de mon Pere. Mais m'oublierez-vous jusqu'à la fin, Seigneur ? où sont
Psalm. 88. vos misericordes anciennes ? souvenez-vous de l'oprobre que vos serviteurs ont souffert de la part de plusieurs nations, de ce reproche qu'ils ont fait, que vous avez changé à l'égard de vôtre Christ.

Domine, probasti me, & cognovisti me. Ps. 138. v. 1.

Dieu exauce sa priere, Messieurs, il est content de l'humiliation de ce Grand Prince : il a sondé son cœur, & il l'a connu ; & il me semble que j'entens la voix divine qui crie comme autrefois à l'Ange exterminateur : C'est assez, retenez vôtre main : *Sufficit, nunc contine manum tuam.* Et alors, Messieurs, quel merveilleux, quel inesperé changement ! La fertilité des moissons repare la sterilité passée, les maladies cessent. Dieu qui tient dans sa main le cœur des Rois, tourne celui d'une grande Reine. Malgré le fremissement d'une Nation fiére, jalouse, & qui ne respiroit que haine & que vengeance contre nous, elle retire ses troupes, & commence à connoître ses veritables interêts. La Victoire qui sembloit nous avoir abandonné pour toûjours, revient sur ses pas, marche à la tête de nos Armées. Nos Ennemis sont par tout forcez, vaincus, terrassez, dans le tems même qu'ils se promettoient par la superiorité de leurs forces, par l'ascendant qu'ils avoient pris sur nous, penetrer jusques dans le
L'Empereur. cœur de ce Royaume. Un grand Monarque, seul heritier d'une puissante Maison, après s'être vû maître de la Capitale d'Espagne, est contraint de quitter ses vaines
Le Prince Eugene. prétentions, & de retourner dans ses Etats. Un Prince qui sait joindre l'artifice à la valeur, habile à dérober ses

marches, à prévenir, à tromper, à surprendre ses ennemis, accoûtumé par d'heureux succés à présumer de lui-même & à nous mépriser; surpris à son tour par un Heros que la sagesse conseille, que la valeur anime, aprend par sa défaite à nous respecter & à nous craindre; en vain se cache-t-il derriere les remparts des Places les plus fortes, qui tombent à nôtre vûë.

M. le Maréchal de Villars.

Dans un changement si grand, ne craignons pas de le dire, si miraculeux, reconnoissons, Messieurs, le bras du Tout-Puissant; remarquons la vive empreinte du doigt de Dieu; il se leve en jugement pour sauver ses serviteurs: la terre a tremblé, & s'est calmée; *Terra tremuit & quievit cùm exurgeret in judicium Deus, ut salvos faceret mansuetos terræ;* & nos Ennemis qui avoient refusé des conditions de paix, où nôtre bon Prince, par amour pour ses sujets, sacrifioit, pour ainsi dire, sa gloire, ses Conquêtes & les droits de son Sang sur une grande Monarchie, sont contraints d'accepter une Paix glorieuse, équitable, qui nous rend les Places que nous avions perduës, qui rétablit nos Alliez, & qui assure à l'Auguste Posterité de LOUIS une Couronne à laquelle l'apelle le droit du Sang, le consentement d'une Nation également sage & fidelle, & la juste volonté du dernier de ses Rois. *Terra tremuit & quievit cùm exurgeret in judicium Deus, ut salvos faceret mansuetos terræ.*

Ps. 75. v. 8. & 9

Après tant d'actions dignes de l'immortalité, après avoir achevé de soûmettre ces peuples rebelles que l'opiniâtreté soulevoit encore, & affermi le Trône du Roy son Petit Fils; que restoit-il à ce Grand Prince, que de terminer le cours du régne le plus long & le plus glorieux qui fut jamais, que de finir la brillante carriere d'une si belle vie par une mort précieuse devant Dieu? Avec

Les Catalans.

quelle fermeté l'a-t-il soûtenuë cette mort ? Il avoit vû de loin le jour du Seigneur, il n'en fut pas effrayé. Plus grand que lui-même dans ce terrible moment qui intimide & qui abbat les plus fermes courages, il demande les derniers Sacremens de l'Eglise, il ranime sa pieté à la vûë de Jesus-Christ. Plein d'une confiance chrétienne il se jette avec amour entre les bras de sa Misericorde; il presente paisiblement son corps à l'onction de cette Huile sacrée, ou plûtôt au Sang de Jesus, qui coule avec tant d'abondance de cette précieuse liqueur. Il voit, sans s'attendrir, les Princes & ses Officiers fondans en larmes. Il les console : pourquoi pleurez-vous, leur dit-il, ne saviez-vous pas que je n'étois pas immortel ? Il fait venir cet Auguste Enfant heritier de sa Couronne, il lui recommande de craindre Dieu, d'entretenir soigneusement la paix, de soulager ses peuples ; il regrette de ne l'avoir pû faire lui-même. Il charge ceux qu'il a préposez à sa royale éducation, de lui renouveller sans cesse ces leçons importantes. Il semble que Dieu ne lui ait conservé la presence d'esprit jusqu'au dernier soupir, que pour faire durer davantage les témoignages de sa foi, de son courage, & pour édifier par un si grand exemple tous ses sujets. Enfin il meurt en Heros Chrétien, dans la paix & le saint baiser du Seigneur. Après ceci, Messieurs, douterons-nous de son bonheur, & que Dieu qui l'avoit établi son Fils aîné & le plus grand des Rois de la terre, n'ait signalé ses misericordes sur lui jusques dans l'éternité. *Primogenitum ponam illum, excelsum præ Regibus terræ. In æternum servabo illi misericordiam meam.*

Achevez donc avec confiance, Ministres de Jesus-Christ, le Sacrifice d'expiation que vous avez commencé; & vous, peuples, qu'une triste Cérémonie a rassemblez dans ce lieu, joignez-y vos vœux & vos plus ardentes prieres. Puissiez-vous, ô mon Dieu, recevoir ce pieux Monarque dans le sein d'Abraham, & donner un repos sans fin à celui qui nous l'a donné sur la terre. Puissiez-vous transmettre tant de vertus qui nous le feront éternellement regretter, au Roy son Successeur; à ce Roy, dis-je, formé d'un Sang si pur, & en qui commencent de briller toutes les augustes qualités de ses Ancêtres. Puissiez-vous répandre vos plus précieuses benedictions sur lui, & sur le Grand Prince, que le droit de sa Naissance, que les vœux & le consentement de tous les Ordres, ont apellé à la Régence du Royaume, & sous l'heureux Gouvernement d'un Heros également vaillant, éclairé, pénétrant, sage, juste, apliqué, nous faire goûter les doux & desirez fruits de la Paix.

PERMISSION.

PErmis, ce consentant le Procureur du Roy, d'imprimer. Fait à Orleans, ce troisiéme Décembre mil sept cens quinze. Signé, DELAFONS.

LESTORE'.

www.ingramcontent.com/pod-product-compliance
Ingram Content Group UK Ltd.
Pitfield, Milton Keynes, MK11 3LW, UK
UKHW021040220726
13924UKWH00001B/434